Frédéric Delalot

Disco

Éditions KDP

Défilent en ma mémoire des personnes fascinantes

Mon taxi fonce vers l'aéroport

Et tout recommence

En soirée dissipée

Allure brouillonne

De voyages irréfléchis

De l'aventure

Je me rappelle un présage

C'était l'été 1978…

Presque naturellement

Se rapproche l'illusion

Cet essor invitant

S'offrait à nous

Il y avait un raccourci

Un présent évident

J'écoutais les rythmes parfaits

L'insouciance

Au-dessus de nos devenirs folâtres

Comme si rien n'avait d'importance

Nous faisions ce que bon nous semblait

Face au splendide océan d'oiseaux blonds

Paquebots flottant dans l'éther

Des peuples voguant

Faisceaux de lumière

Au cours des soirs

D'osmose

Bonheurs artificiels

Peu m'importe

Peu m'importe

Le jour se lève

Vierge

Totalement détaché

Matins anciens

Ronde méditative

Avec l'attrait pour l'infinitude

Et la joie inhérente

À l'abandon…

Au bout du continent

Les habitudes inassouvies

Les recommencements

L'alchimie nous transforme

Lorsque je m'y voue

Le monde est plein

De ces portes

Enivrantes, je les franchissais

Dans les deux sens

Le temps de boire les courants

Je revenais, ensuite, du côté simple de la lumière

Ombres des branchages, encre des dunes

Blanches

Tournaient les époques

Aparté, les cieux redécouverts

Prendre les choses en marche

L'insaisissable progression

Les cheveux longs

Au centre de tableaux hypermodernes

Je fixais un visage

Des couleurs

Murmures

Rambardes d'acier

Et les peaux des cambrures

Je t'attendais comme ça

Sans cesse, cette fois chef de frontons

Nous avions autre chose à faire

Et d'autres espaces

Le plus clair de l'année

Aux abords du visible

Visiteurs

Latitudes annexes

Nous désirions

Le socle des heures

Dans ce monde

S'éparpiller

Encore…

Un entrain pour les détails

Le plan de la plage

D'*Argent*

Sonorités communes

À travers le vent

Qu'on aurait cru austral

La marque des cités

Qui s'étiraient

Par bribes

Plus rapides

Que la lumière

Autre part

Ou dans un autre temps

La réalité s'échappe

Quelque part se dessine

Ce qu'on ne voit pas encore

Peut-on affirmer qu'il y a un début

Vers l'infini

Cheveux au vent

Des parfums

Ensoleillés

Nous vivons des regards

Ordinaires, obliques

D'une *érosphère*

Décorum translucide

Plages haletantes

J'attendais comme ça

Je me rappelle un ciel immense

Au début

Sous le ciel bleu

Les kilomètres

Nous voyons ce monde libéré

Des modulations

Très loin

Des *hyperpoles*

Aux confins du temps

Normal…

Je descendais vers le port

Franges zébrées

Chapeaux en mousse

L'attirance des côtes

L'espérance

Rue des Cercles

Quart de l'aisance

La même année

Quelquefois miniature

Mes souvenirs sont vagues

Le monde allait ainsi, délié

À quelques pas

Le monde allait où il voulait

Des écriteaux rouges

Plantés à fleur de rues

Indiquaient l'énergie

De connivences

Sous un dôme

Peut-être que les heures s'arrêtaient

Gorgées d'élixir

De passage, jeunes années

Et elle se remémorerait cette euphorie

Que nous avions connue

Son parfum flotterait

La nuit

Les océans disparaîtraient

Dans des millions d'années

Peut-être que nous nous attachions

À cette histoire

Ces écrans nous abreuvaient

De tant d'images

De séquences inversées

De troubles épars

Nous devions en rester là

Et nous contenter dans ces ondes

Pensantes qui nous transmettent

L'histoire…

Là où n'existaient que des visages

À la trêve d'un âge de magnétisme

Je voulais délier les étoffes

Langage de l'envie

Et je m'endormais tard

Caressantes magnitudes

Des heures écoulées

Comme des paroles scandées

Des bravoures

Comme le bonheur des caps

Et il y avait de la musique toute la journée

Érotismes, parfois

Et on restait dans la voiture, quelque temps

Parc long

Comme une frontière

Inaboutissements formidables

On superposait les vêtements

Les époques

Décor d'un orange vif

Transistor, sous la main

Des magazines…

Des feuilles d'hélicoptères volaient

Longues côtes improvisées

Intrépides

À fond

Avec d'autres

À peine plus sûrs de la réalité

Peut-être qu'il vaut mieux laisser les choses

À elles-mêmes

Émotions, halo

Hier, joyaux éparpillés

Des historiques

Que l'on ne croyait plus effleurer

Après la route

Légèrement en retrait

Élixirs

Du bonheur…

D'espaces, de la lumière

Intérieure, puissance

Qui tente de faire durer

Les jours passés, quelquefois

Tunnels, train

Fondation du monde

Alors, entre deux baies

La toile prenait sa place

Draps ivres, je lisais

Dans le salon rustique

Comme le silence, ces reflets

Que nous aimons tant, lorsque nous cherchons

À comprendre, toutes choses invincibles, initiales

Accrochés à ce rêve, à cet idéal

Tout recommence

Tant de lueurs

Conscience

De séquences remplies

Du cosmos

Les tesselles

Lointain carrefour

Paysages

De grâce

Vertigineux

Vie blonde de la presqu'île

À ras des côtes blanches

De Brighton

Je ne connaissais que le sable

Et la mer

Parc d'attractions

Paradis

D'éther

L'après-midi

On passait *Grease*

Ou *Kennedy Airport*

Papiers volants

Aux abords…

D'un croisement

Et voilà, écrire dans la nuit

Dans la nuit la plus parfaite

À travers le temps et l'espace

Se rendre à d'autres paliers

Lustre fantastique

Nuages de souvenirs

De tours, amalgame

Qui commence à prendre

Quelque part revue

Et il y avait de la musique

Toute la journée

Parfois, on restait dans la voiture

Je fermais la porte sans forcer

Les moments duraient

Comme le plaisir mystérieux et planant

Des jours

Le regard vers l'horizon

Des sphères envoûtantes

En arrière-plan

D'autres pages

L'été revenait

Amour de toutes les suites

Qui règne, parages, mâts des bateaux

Il y avait un parfum hypnotique, là-bas

Le soir, voiliers immobiles, cet été-là

Sorte de cime, nous ne le saurions que plus tard

D'*intercourse*, petites plages…

Pause à Athènes, un été à Paris

Ensuite Carnac, sorties approximatives

Mélanges de genres, une maison libre

Un bateau rapide

Les flots

Débarquer dans un restaurant

Sanctuaire des laps, un jour lent

Imprégné d'horizons

Cette partie-là, près du Rayol…

Et *Saint-Clair*

Sur le sable humide

Des feuilles s'envolaient

Plus lisses empires que nous aimions

Mythes de la jeunesse

Joies répertoriées

Un siècle allait se fondre

Dévêtu

Entre les sofas

Au hasard

Ambiances libérées

Spontanées

Des arbres m'épient

Je me contente de lâcher prise

Alliance mystique

Aux alentours

Palmiers

Éventail infini

Des possibles

Terrasses inachevées

Chemins lointains

Les virées

Nous arrivions là-bas

Encore à vivre

L'instant insaisissable

Habillés, déshabillés

Sur la route

Cette fois-là

Toutes ces fois d'autres époques

Moments d'attirances

Exagérées

Toiles subtropicales

En face de l'Opéra

Nomades

La mèche tombante

Lieux indéfinis

Prétexte constant…

Foule cosmopolite

Les amis

Nombre d'artistes

Avaient été invités

Branches

Des îles

De l'extase

Caresses

Du *Cap Nègre*

Je ne savais

D'où venaient les flots

C'était l'inconnu qui guidait

Je découvre des extravagances

Noctambule sensible

Qui se déshabille

Façon théâtrale

À l'heure du bonheur

Je m'entiche

J'admire alors les élans

Informels

La nonchalance

Rumeurs

De l'Amérique

Parallèle

Aux dimensions

Périphérique

Week-end

De nouvelles âmes

S'amènent

Tard

Dans les nefs

Je vous invite à davantage

Cavaliers

Vêtus d'un rouge

Amer

Qui servait de leurre

Je considère les choses…

Je m'appuyais contre des plaques

De bois

Rêvant aux forêts

D'ailleurs

Musique invraisemblable

Dans le miroir

Brumes insaisissables

Des long-courriers

Tant d'alcôves

Je voulais vivre une vie nouvelle

Des heures passaient

Séparées des pesanteurs

Et nous admirions des images

Après la fête

Une nuit s'éteignait

Pelouse d'un parc

Une clé qui laisse aller

Qui affranchit et résout

Parfums ensoleillés

Se régénérer

L'appartenance est vaste

Pouvoir sculpter la nuit

La lumière crée un sanctuaire

D'instants

C'était simple

Aucun geste n'était brusque

Journée libre

Magnifique

Il y aurait l'été

Le temps

Un très vieux continent

Et le sable éternel

De la plage

Toujours pages de bonheur

Temps créateur

Apparence

Sans cesse rajeunie…

D'enivrantes allées

D'arbres mauves

L'ivresse des départs

Feuilles tournoyantes

Heures de vol

Astronautes

À tout moment transposable

L'apparence d'une fête

Des rendez-vous

La perception qu'on pouvait en avoir

Beaucoup de choses ne collaient pas

Parce que tout cela n'était pas un roman

Nous nous étions connus comme ça

Et je rentrais sans me presser

À d'autres le temps des choses

De nouvelles puissances

Ah… j'étais en face

J'allais plus tard dans l'ancien café

Souvenance

Scènes d'artefact

En circulant du regard

Fringues intemporelles

La même allure

Légèreté

Des dérives

Ailleurs, j'avais trouvé

D'autres choses encore

Connu d'autres manières d'être

Et de s'extraire des va-et-vient

Danses

Des branches

Souples

Au soleil

Ralenti

D'un après-midi

Observations méditatives

Des éléments épars…

Des parcours

Des moments fugitifs

Des transitions

Histoires racontées

Les images

Où on faisait la fête

Alcools amicaux

Des bars, érotismes

Altitudes d'étages

Excitants

Perspectives

Multidimensionnelles

Je sortais par des chemins

Excentrés

Bâtiments tranquilles

Extrémités

Rues cachées

De balades

Nocturnes

Rythme urbain

C'était l'été 1978…

Et au cœur de la nuit

On passait Patrick Juvet…

When I first came to Manhattan
I was not surprised
The stories people had told me
Turned out to be no lies

All the different people
From all over the world they're living
And magic fills the air
There's music everywhere

I love America
I love America
I love America, America…

Everywhere funky music fills the air
You can go to the disco and you'll find it there
Funky music is music with so much to share…

9 798741 292211